Rim i verdensmål

Af samme forfatter:

Voksenundervisning - en håndsræk-
ning af praksiserfaringer, UNID, 2017

Skriv din livsfortælling - hvorfor og
hvordan, UNID, 2018

Tavshedens Børn, roman, UNID, 2019

Unna Hvid

Rim i verdensmål

UNID

Rim i verdensmål

© Unna Hvid og UNID, 2018
Forlag: BoD – Books on Demand, København, Danmark
Tryk: BoD – Books on Demand, Norderstedt, Tyskland
Omslag: UNID
Forsidebillede: Unna Hvid
Illustrationer: FN

ISBN: 9788743009139

Globalisering

*"FN er bare en venstreorienteret insti-
tution fra 1970'erne som idealistiske
kvinder fra den vestlige verden har
fundet på"*

Nogenlunde sådan sagde min nabo
en dag, hvor vi drøftede emnet *globa-
lisering*.

Min nabo og jeg forstår tilsyneladen-
de begrebet *globalisering* forskelligt.
Det er min fornemmelse, at han ser
det som både årsag til – og udtryk for
den stigende migration fra visse dele
af verden til vores del.

For mig betyder globalisering snarere,
at de problemer, der skyldes menne-
skets rovdrift på klodens resurser og
dens evne til at optage vores udled-
ninger fra land og by, til jord, vand og
luft, er et fælles anliggende. Et globalt
anliggende. Hverken den ene eller

anden del af vores opdelte verden kan bære hverken ansvaret eller løsningen alene.

Derfor følte jeg mig inspireret til at sætte rim på FN's Verdensmål, og det er disse korte rim, du kan læse i denne lille bog. Jeg håber, det måske vil give dig lyst til selv at læse videre om, hvad FN's verdensmål går ud på, hvordan der arbejdes på at nå dem og hvor langt, man er nået. Måske skaber det refleksion over, hvad du selv kan gøre?

Måske vil det også give dig et nyt syn på, hvad det – også – er, FN arbejder med.

Til dig som underviser i dansk, har jeg tilføjet et kapitel med forslag til, hvordan du kan få dine elever til selv at rime på verdensmålene.

Unna Hvid, august 2018

Afskaf verdens fattigdom,
del af Vestens fedmeflom

2 STOP SULT

Stop den kødelige sult,
fattighærens dødekult

Med mere sundhed, bedre
trives,
børn hvis skæbner
overskrives

Eradér med kvalitets-
uddannelse,
al uvidenhedsforbandelse

Ligestilling mellem køn, kvinder uden sulteløn

6 RENT VAND OG SANITET

Det rene vand og sanitet,
livsudfoldelseskapacitet

Begræns med bæredygtig
energi,
vor klodes brændstofallergi

Økonomisk vækst,
anstændige jobs,
klæder uden børnework-
shops

INDUSTRI, INNOVATION OG INFRASTRUKTUR

Industri, innovation og
infrastruktur,
nedbryd vaners mørkemur

Alverdens mindre ulighed,
forkast enhver
bestikkelighed

Bæredygtige byer og lokal-
samfund,
blomsterlagets nærings-
bund

12 ANSVARLIGT FORBRUG OG PRODUKTION

Ansvarligt forbrug og produktion, materialismens mentale aggression

Kloden kalder din klima-
indsats,
katastrofens game, set and
match

Oprindelse ved liv i havet,
CO2-opvarmning, vi blir'
vådt begravet

15 LIVET PÅ LAND

Kødindustriens vildsvine-
hegn om livet på land,
betaler du økosystemernes
færgemand?

Fred, retfærdighed og
stærke institutioner,
fremtidens globale
samværs-
resolutioner

Lige partnerskaber er for
handling,
fælles financiering af
global forvandling

De 17 verdensmål for bæredygtig udvikling

1. Afskaf fattigdom i alle dens former overalt
2. Stop sult, opnå fødevaresik- kerhed og forbedret ernæring og støt bæredygtigt landbrug
3. Fremme sundhed og trivsel for alle i alle aldre
4. Fremme kvalitetsuddannelse og muligheder for livslang læ- ring for alle
5. Opnå ligestilling mellem køn- nene og styrk kvinder og pi- gers rettigheder og mulighe- der
6. Fremme adgang til, og bære- dygtig forvaltning af, vand og sanitet for alle
7. Fremme adgang til billig, på- lidelig, bæredygtig og moder- ne energi til alle

8. Fremme vedvarende, inkluderende og bæredygtig økonomisk vækst, fuld og produktiv beskæftigelse og anstændigt arbejde for alle

9. Opbyg en modstandsdygtig infrastruktur, støt inkluderende og bæredygtig industrialisering og frem innovation

10. Reducer ulighed i og mellem lande

11. Gør byer og lokalsamfund inddragende, sikre, modstandsdygtige og bæredygtige

12. Fremme bæredygtigt forbrug og produktion

13. Hurtig indsat for at bekæmpe klimaforandringer og dens indvirkninger

14. Bevar og sikre bæredygtig udnyttelse af verdenshavene

og andre hav samt marine-
ressourcer

15. Beskyt, genopret og støt bæ-
redygtig udnyttelse af økosy-
stemer og af skove, bekæmp
ørkendannelse, stands jord-
forringelser og tab af biodi-
versitet

16. Støt fredelige og inkluderen-
de samfund, sikre adgang til
retfærdighed for alle og op-
byg effektive, ansvarlige og
stærke institutioner på alle
niveauer

17. Styrk det globale partnerskab
for handling og øg midlerne
til at nå målene

Kilde: http://un.dk/da/om-
fn/verdensmaalene

Til dig som underviser

Overvej, om du også kan få dine ele-
ver til at skabe rim eller skrive hele
digte over verdensmålene.

Her er et par enkelte forslag, som du
kan tilpasse alt efter, hvilket aldersni-
veau og fagligt niveau, du underviser
på:

❖ Gør dine elever nysgerrige på
verdensmålene, ved at læse mine
rim. Hvis det faglige niveau er til
det, kan klassen analysere og af-
kode mine rim for betydning.

❖ Lad eleverne vælge verdensmål,
som de gerne vil arbejde med i
grupper eller individuelt og bed
eleverne læse om de(t) verdens-
mål, de arbejder med, fx her:
https://www.verdensmaalene.dk
/ eller her: http://un.dk/da/om-
fn/verdensmaalene

❖ Bed dem diskutere (grupper) eller reflektere (individuelt) over, hvordan 'deres' verdensmål er vedkommende og aktuelt for dem. Og måske også for en jævnaldrende i andre dele af verden?

❖ Bed dem eventuelt også diskutere/reflektere over, hvad de selv og deres familie kan gøre for at medvirke til at nå verdensmålene. Hvad kan de gøre lige nu, hvad kan de gøre i fremtiden?

❖ Bed dem om at skrive rim/digte om det, de har talt om/reflekteret over

❖ Sæt klassens digte op i et fint hæfte eller på en hjemmeside og kald dem fx: 'Rim på vores verdensmål'.

Mål med aktiviteten:

✓ Viden om det FN's verdens-
mål
✓ Evnen til at relatere til meget
abstrakte mål og gøre dem
personligt relevante og for-
ståelige
✓ Evnen til at formulere sig i en
poetisk sprogfunktion
✓ Tilføj flere?

VERDENSMÅL
for bæredygtig udvikling